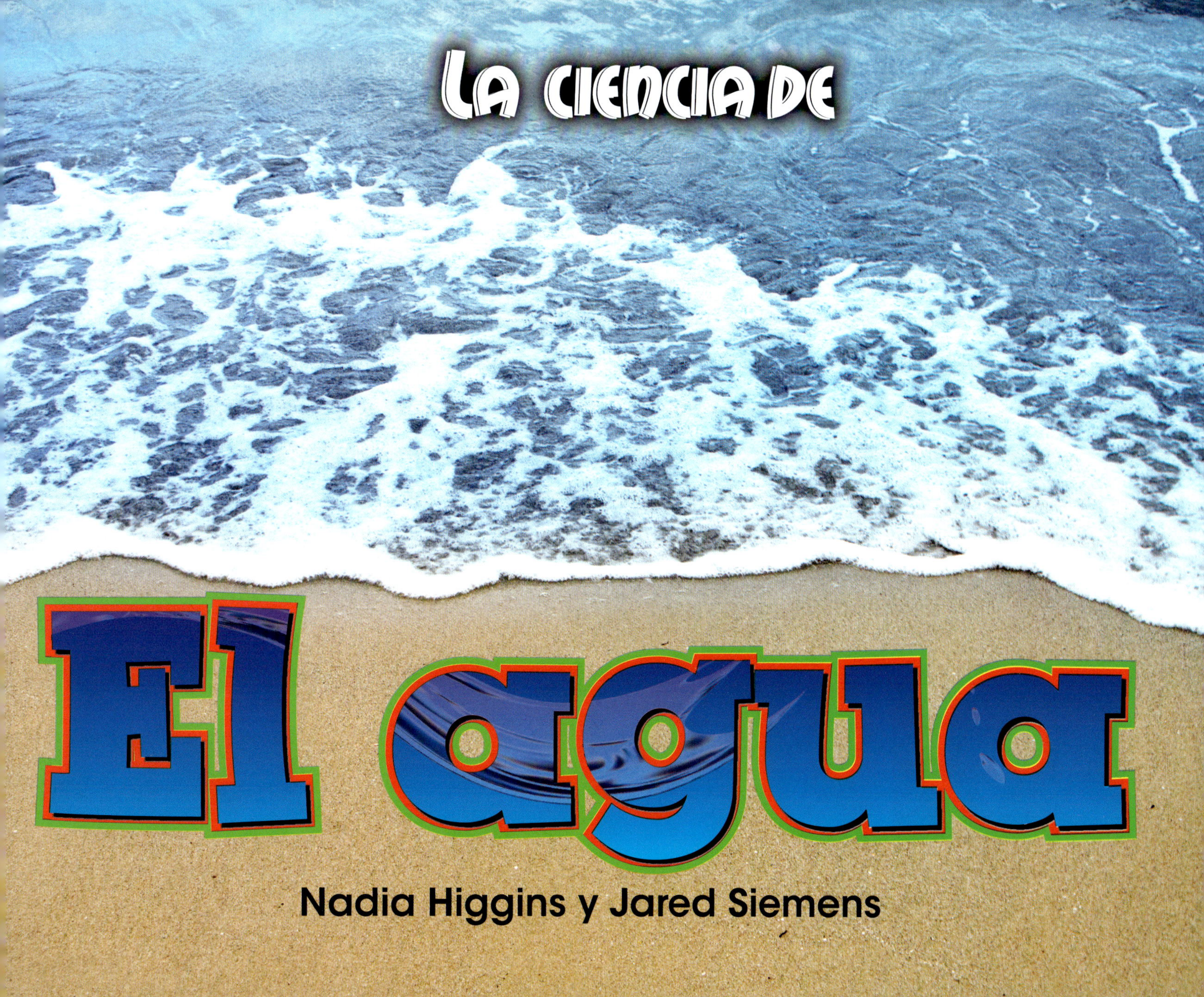

La ciencia de

El agua

Nadia Higgins y Jared Siemens

LIGHTBOX
openlightbox.com

Lightbox es una completa solución digital para enseñar y aprender temas curriculares de una manera original e innovadora. Lightbox se basa en las Normas Curriculares Nacionales.

OPTIMIZADO PARA

- ✓ TABLETAS
- ✓ PIZARRAS ELECTRÓNICAS
- ✓ COMPUTADORAS
- ✓ ¡Y MUCHO MÁS!

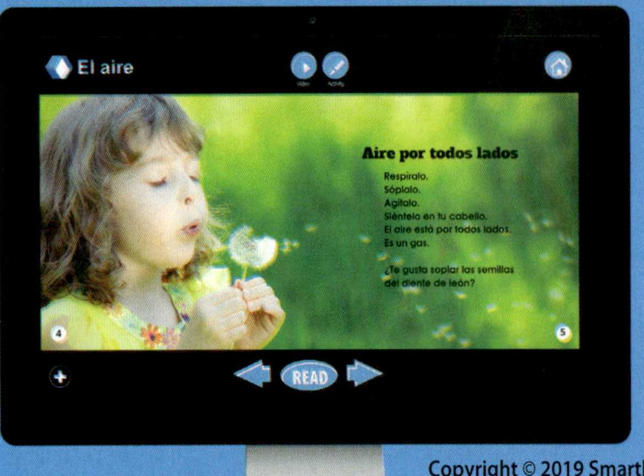

CARACTERÍSTICAS ESTÁNDAR DE LIGHTBOX

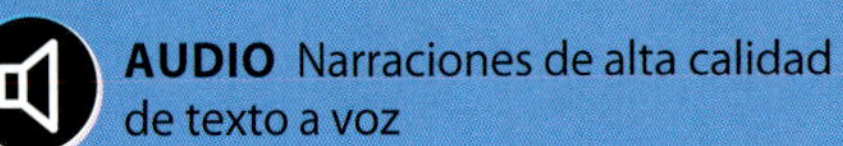
AUDIO Narraciones de alta calidad con sistema de texto a voz

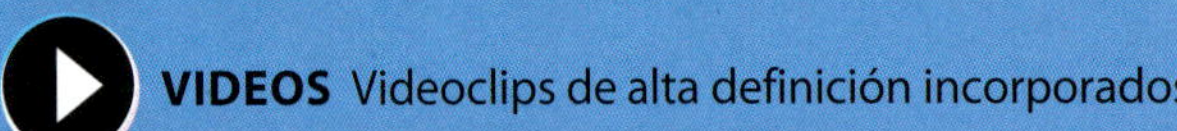
VIDEOS Videoclips de alta definición incorporados

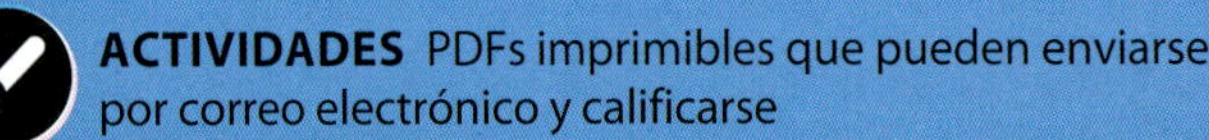
ACTIVIDADES PDFs imprimibles que pueden enviarse por correo electrónico y calificarse

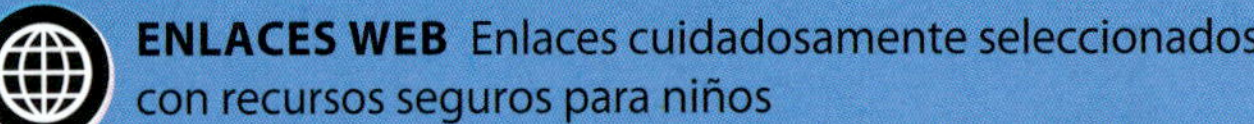
ENLACES WEB Enlaces cuidadosamente seleccionados con recursos seguros para niños

PRESENTACIÓN EN DIAPOSITIVAS Ilustraciones gráficas de los conceptos clave

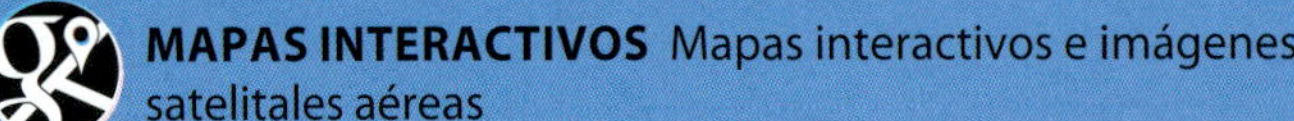
MAPAS INTERACTIVOS Mapas interactivos e imágenes satelitales aéreas

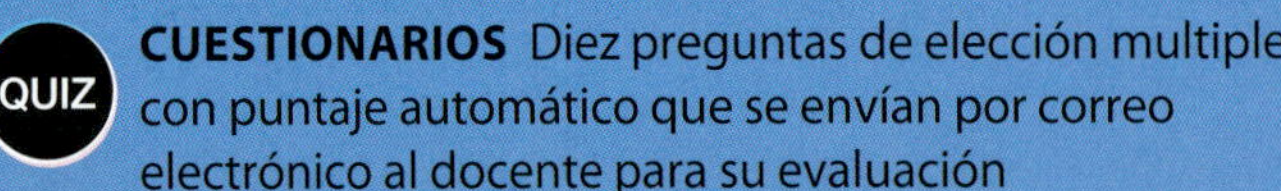
CUESTIONARIOS Diez preguntas de elección multiple con puntaje automático que se envían por correo electrónico al docente para su evaluación

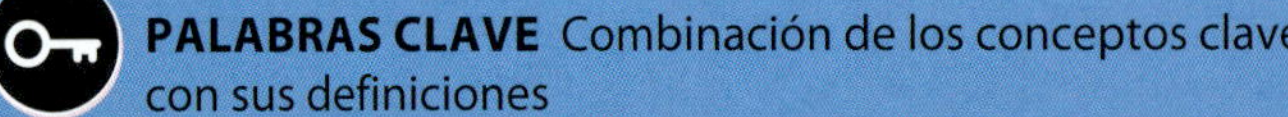
PALABRAS CLAVE Combinación de los conceptos clave con sus definiciones

VIDEOS

ENLACES WEB

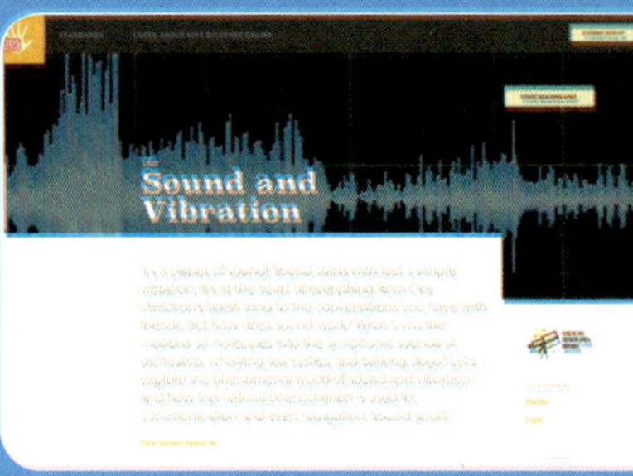

PRESENTACIÓN EN DIAPOSITIVAS

CUESTIONARIOS

La ciencia de El agua

CONTENIDOS

El agua que moja 5

El frío y duro hielo 8

El invisible vapor de agua 15

Datos sobre el agua 22

El agua que moja

Bébela.
Derrámala.
Salpícala.
Rocíala.
El agua moja.
Es un líquido.

Es divertido chapotear en el agua los días calurosos del verano.

6

De las nubes cae agua que corre por los ríos y llena los lagos. Penetra muy profundo en la tierra. Se arremolina en el mar y choca contra la costa. Se puede encontrar agua a mucha profundidad por debajo de la tierra. También se la puede encontrar sobre la tierra.

El frío y duro hielo

El agua líquida se transforma.
Se enfría. Se congela y se convierte en hielo. El hielo puede ser liso o irregular.

Los bloques de hielo flotan en los lagos.

La nieve cubre la tierra en un día tranquilo de invierno.

Los copos de nieve están hechos de hielo. Pueden tener diferentes formas. Cuando los copos de nieve se apilan, forman una nieve blanca y blanda. Los copos de nieve suelen tener seis lados.

Los lugares más fríos de la Tierra están cubiertos por mantos de hielo. Los glaciares avanzan sigilosamente sobre la tierra. En el océano Ártico flotan bloques de hielo gigantes. Un glaciar es un río de hielo que se mueve lentamente.

El glaciar Bering de Alaska es el más grande de los Estados Unidos.

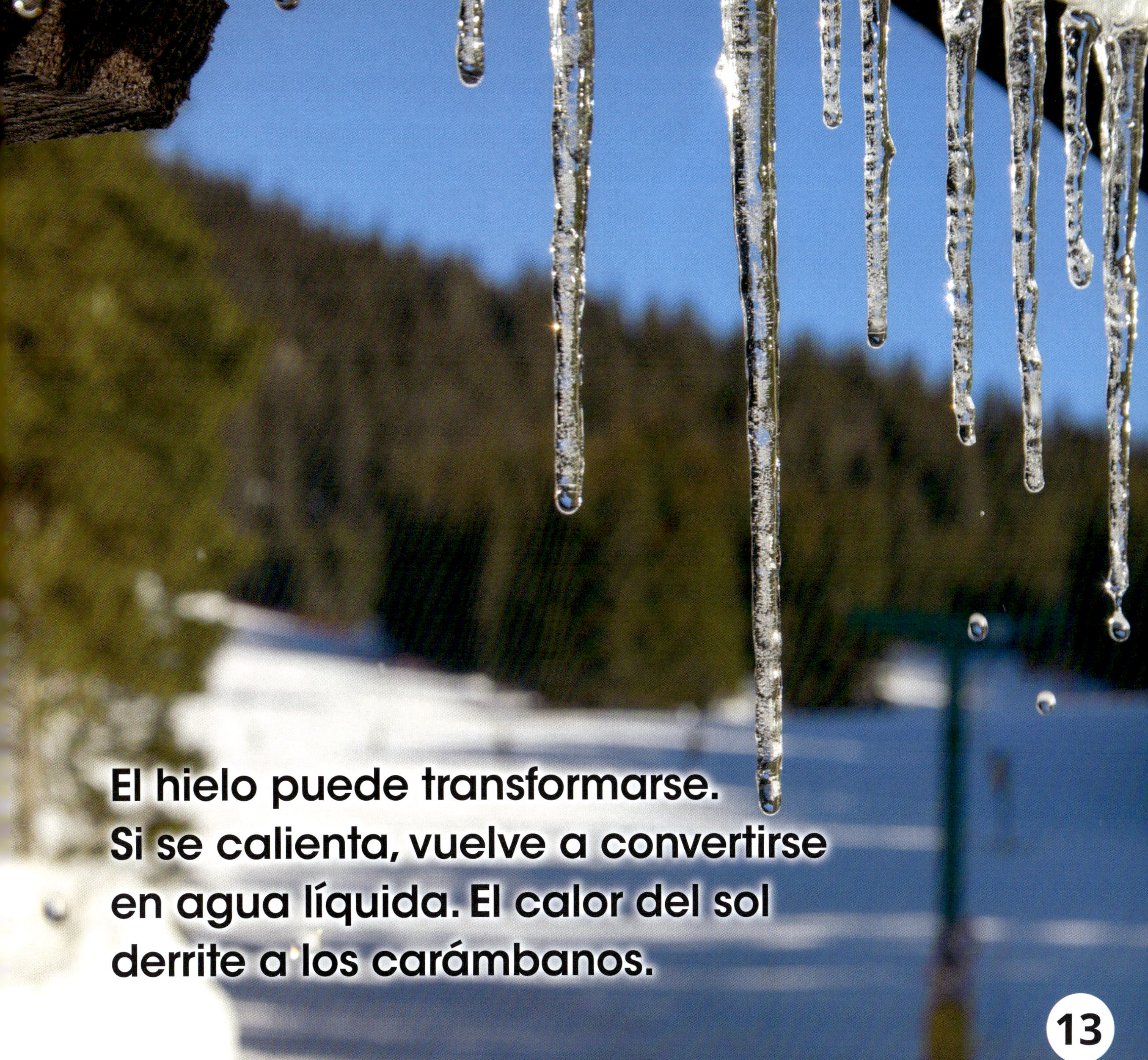

El hielo puede transformarse.
Si se calienta, vuelve a convertirse
en agua líquida. El calor del sol
derrite a los carámbanos.

El invisible vapor de agua

Si el agua se calienta mucho, se transforma otra vez. Se descompone en pedacitos tan diminutos que no podemos verlos. Estos pedacitos se van flotando por el aire. El agua se convierte en vapor de agua. El vapor de agua es parte del aire invisible. La ropa mojada se seca porque el agua se ha convertido en vapor.

Luego, el vapor de agua se transforma. Se enfría y forma pequeñas gotas de agua líquida. La niebla es como una nube que está cerca de la tierra.

Las gotas pueden formar nubes en el cielo, niebla en la tierra o rocío sobre el pasto en las mañanas. El rocío brilla con la luz del sol.

La mayor parte de la Tierra está cubierta de agua. Eso también es bueno. Las zonas azules son los océanos de la Tierra.

Las plantas absorben el agua con sus raíces sedientas. Las personas y los animales también beben agua. Todos los seres vivos necesitan agua para vivir. Las raíces de los árboles se introducen muy profundo en la tierra en busca de agua.

Piensa en todas las formas en que usas el agua. Puedes usarla para beber, para cocinar, para lavar y para descargar el inodoro. ¡Y el agua nunca se agota! Va cambiando entre sus tres formas.

LAS TRES FORMAS DEL AGUA		
El vapor de agua es un gas que forma parte del aire invisible.	El agua es un líquido.	El hielo es un sólido frío y duro.

Datos sobre el agua

Cinco galones (19 litros) de agua del grifo cuesta aproximadamente **un centavo** en los Estados Unidos.

Las **cataratas de Yosemite**, en California, son las **más altas** de los Estados Unidos. Miden **2.425 pies** (739 metros) de altura.

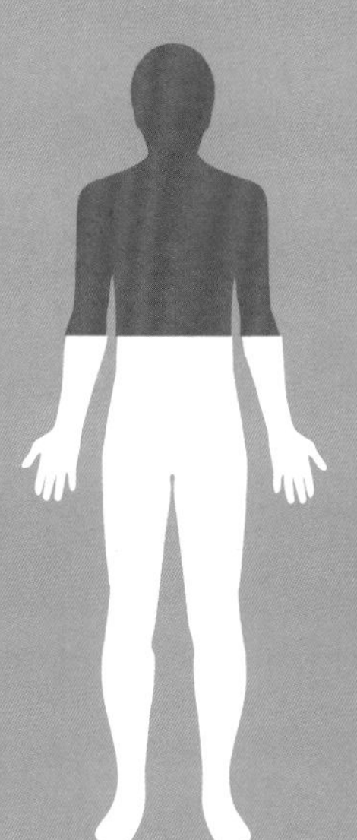

Más de la mitad del **cuerpo humano** está compuesto por agua.

La cantidad de agua que hay en la Tierra **siempre ha sido la misma**. El agua se **recicla** constantemente. Esto significa que podrías estar bebiendo la misma agua que alguna vez bebieron los dinosaurios.

Los estadounidenses consumen cerca de **400 mil millones** de galones (1,5 billones de litros) de agua **por día**.

Casi **toda** el **agua dulce** del mundo se encuentra en la Antártica.

Published by Smartbook Media Inc.
350 5th Avenue, 59th Floor New York, NY 10118
Website: www.openlightbox.com

Library of Congress Control Number: 2017961988

ISBN 978-1-5105-3446-9 (hardcover)
ISBN 978-1-5105-3447-6 (multi-user eBook)

Printed in the United States of America in Brainerd, Minnesota
1 2 3 4 5 6 7 8 9 0 22 21 20 19 18

022018
011518

Spanish Project coordinator: Sara Cucini
Spanish Editor: Translation Services USA
English Project coordinator: Jared Siemens
Designer: Ana María Vidal

Every reasonable effort has been made to trace ownership and to obtain permission to reprint copyright material. The publisher would be pleased to have any errors or omissions brought to its attention so that they may be corrected in subsequent printings.

The publisher acknowledges Alamy, Getty Images, iStock, and Shutterstock as its primary image suppliers for this title.